INSTRUCTIONS ÉLECTORALES

A L'USAGE

DES FRANÇAIS CONSTITUTIONNELS.

AVIS.

Les Candidats et Electeurs qui auraient l'intention de distribuer cette brochure dans les départemens, sont prévenus qu'on la trouvera chez le Libraire Ponthieu, au Palais - Royal, au prix de 5o francs les cent exemplaires.

Nota. On est prié d'affranchir les demandes

INSTRUCTIONS ÉLECTORALES

A L'USAGE

DES FRANÇAIS CONSTITUTIONNELS,

Où sont indiqués et développés tous les moyens légaux de diriger et concentrer les forces de l'Opposition, dans les Colléges électoraux, et de faire triompher son candidat.

TABLE DES CHAPITRES.

PRIX : 5o CENTIMES.

PARIS,

CHEZ PONTHIEU, LIBRAIRE, PALAIS-ROYAL,
Galerie de Bois, N° 252.

1824.

Imprimerie de SÉTIER, Cour des Fontaines, N.° 7.

INSTRUCTIONS ÉLECTORALES

A L'USAGE

DES FRANÇAIS CONSTITUTIONNELS.

CHAPITRE PREMIER.

Plan et but.

La Loi d'élection du 5 février 1817, en appelant 80 mille électeurs à l'élection de la Chambre populaire, avait ainsi déshérité, du droit d'élire, les millions de citoyens qui en avaient été investis par les constitutions précédentes; et cependant la masse de la nation, qu'on accuse d'être si fort exigeante, avait adopté cette loi, par cela seul qu'elle était rigoureusement conforme aux bases consacrées par la Charte; et que si ces bases étaient immensément restrictives, elles étaient du moins fidèles à ce principe d'egalité, pour la conquete duquel la France s'est levée en 1789. Cette loi, il est permis de le dire, avait jeté de profondes racines dans l'opinion d'une partie considérable de la nation : de tous les points, elle appelait à la représentation populaire les hommes forts de l'assentiment public et imbus des doctrines salutaires, qui seules font la prospérité des États , et garantissent la paix et la sécurité des particuliers. Elle promettait de devenir le pivot autour duquel allaient se fonder successivement les institutions d'une nation libre et morale. Des combinaisons politiques , à jamais déplorables , sont parvenues , non sans peine, à nous ravir cette loi. La France, en la perdant, poussa des cris de douleur, qui ont ébranlé l'Europe entière. Un autre mode d'élection , moins simple , moins juste et consacrant le privilége , nous a été imposé, et déjà deux élections partielles ont montré quels fruits on pouvait en attendre. Toutefois, il faut le dire, le nombre de ceux qui veulent faire rétrograder la civilisation est si peu considérable , que , malgré les priviléges qui leur ont été accordés par la loi nouvelle, il suffirait encore , pour les vaincre , à ceux qui veulent le maintien de l'état actuel de la société, de le vouloir fortement , et de braver avec courage toutes les difficultés qui s'opposent à l'expression de leurs vœux.

Une ordonnance royale vient de prononcer la dissolution de la Chambre des Députés; accueillons-la comme un bienfait inespéré du ciel, qui permet aux électeurs de la France, s'ils ont le véritable sentiment de leur force, et la vertu d'accomplir leurs devoirs , de faire rentrer l'administration publique dans la ligne dont elle n'aurait jamais dû sortir. Cette fois il ne s'agit pas seulement d'un cinquième des députés à renouveler; il s'agit de la totalité de la Chambre. Électeurs de la France , avec un jour de courage et de bonheur , d'ici à deux mois, le système libéral et sage , trop peu de temps suivi en 1819 , peut renaître parmi nous. Plus de ces terribles condamnations politiques qui nous effraient trop souvent. Vous tous qu'on a si impitoyablement destitués de ces fonctions publiques que vous avez remplies avec honneur, vous allez redevenir juges de paix , maires , percepteurs , greffiers , etc. ; plus de difficultés pour rester ou devenir notaire , avoué , huissier , imprimeur. Vous vous en souvenez , pères de famille électeurs, on ne vous avait jamais inquiétés sous les ministères précédens , sur la possession de ces modestes états , que vous considériez, avec raison , comme le patrimoine de vos familles; ce n'est que depuis le ministère actuel que vous vivez dans des inquiétudes sans cesse renaissantes. Eh bien! faites savoir vos griefs au Roi, par le choix que vous allez faire de nouveaux députés; faites que ces députés aient le courage de lui dire que ses agens gouvernent d'une manière dure pour son peuple, dangereuse pour son trône et sa famille; et le Roi qui ne peut vouloir que le bien public, entendant l'expression légale de vos vœux, les exaucera certainement.

Il ne faut donc pas perdre de vue que l'acte le plus important , comme le plus décisif du gouvernement représentatif , c'est l'election du député. Chaque citoyen doit attendre avec impatience le moment d'y participer, se préserver de toute négligence dans l'exercice de son droit électoral , et enfin , au jour marqué , écrire son vote avec discernement et avec liberté. La négligence, les fausses craintes , les intérêts mal entendus, contribuent pour beaucoup à l'al-

(8)

-tération des résultats naturels des élections. Les mi-
-nistres qui devraient attendre ces résultats en silence,
et sans autre inquiétude que d'en protéger la liberté,
se donnent chaque année beaucoup de peine pour les
modifier selon leurs combinaisons. De mauvaises habitudes adoptées sous les deux despotismes successifs,
produits par l'anarchie ou par la compression, ne favo-
risent que trop leurs efforts. Il est du devoir de tous les
citoyens éclairés, d'éclairer à leur tour leurs concitoyens sur les limites et sur l'exercice du plus important
de leurs droits; l'élection intéresse tout le monde, et
tout le monde peut y influer, même ceux qui ne sont
pas électeurs, mais dont les électeurs ne sont en effet
que les mandataires, ou les représentans. Les liens du
sang, ceux de l'amitié, les relations d'affaires, celles
de la société, tout doit être mis en œuvre avec zèle et
dévouement. Il est donc de l'intérêt de chacun, quel
que soit son parti ou son opinion, de connaître les
moyens que la loi a laissés dans nos mains, pour défendre sans péril nos intérêts légitimes. Ces moyens
n'ont rien d'offensif; ce sont des boucliers, ou, si
l'on veut, des places de refuge. Le parti dominant
doit les respecter, dans son intérêt bien entendu;
car enfin les vicissitudes humaines, si nombreuses
et si peu prévoyables, peuvent à chaque instant le jeter
dans l'Opposition; et il serait imprudent à lui de s'ôter
d'avance les moyens d'y subsister.

Nous voulons donc retracer, à l'usage des électeurs
constitutionnels, tous les moyens que la loi leur a laissés
pour nommer des députés de leur choix. Tout ce que

la loi n'a pas interdit, elle l'a permis ; ceci est reconnu par tous. Certes , le Code pénal , on n'en disconvient pas, s'est montré suffisamment jaloux pour le pouvoir et ombrageux contre la liberté ; c'est pourtant sous lui qu'il faut se courber, puisqu'il régit encore le pays. Un certain nombre de départemens a conservé jusqu'ici l'heureux privilège de nommer d'autres députés que ceux qu'indiquent le ministre et le préfet. On les a étudiés , on a observé comment l'affaire a réussi , on en a déduit des règles qui vont être exposées. Quelques-unes paraîtront minutieuses ; aucune cependant n'est à dédaigner : ceux qui ont bien étudié le caractère de l'homme en général , et en particulier les mœurs et le degré d'instruction de notre nation , en seront facilement convaincus.

CHAPITRE II.

Nécessité de se réunir et de s'entendre quelque temps avant l'Election.

'*Ce Chapitre devrait être intitulé : *Du Comité d'Election.* Ce titre exact et concis pourrait choquer quelques personnes, on l'évite donc, mais il faut l'a-

vouer , si l'on esquive le mot , il est impossible d'élu-
der la chose. Au contraire , empressons-nous de le
proclamer : se réunir et s'entendre, c'est la première
condition du succès de l'élection ; hors de là , elle
est abandonnée au hasard ou à l'influence du pouvoir. Ce n'est pourtant ni le hasard ni même le
pouvoir qui doit être représenté dans la chambre
élective; c'est l'un ou l'autre des partis qui se divise
l'opinion du pays. C'est donc à eux qu'il appartient
de se mêler de l'élection et de faire effort pour l'obtenir. Etudions nos lois , et gardons-nous d'en conseiller l'infraction; aucune loi ne défend les réunions
d'électeurs qui peuvent avoir lieu les jours de l'é-
lection , ou pendant ceux qui les précèdent : ces
jours - là l'usage , comme la législation, a toujours
laissé un libre cours aux réunions les plus nombreuses. Aux termes de la loi , il n'est besoin de
l'autorisation administrative que pour les réunions
qui auraient lieu *tous les jours , ou à certains jours
marqués.* Toute conversation , réunion , correspon-
dance , ayant les élections pour objet, sont parfaitement licites. Il est loisible à tous de s'en occuper et de
faire des démarches en conséquence; et il ne faut point
s'en cacher comme on le ferait d'une chose illégale;
car c'est au contraire l'exercice d'un droit sacré ,
que l'autorité publique doit protéger, bien loin qu'il
lui soit permis de l'entraver.

A la tribune et dans les journaux, on a fait beaucoup de fracas des comités-directeurs; quelquefois
on s'en est excusé comme d'un crime ; on a eu tort.

Ils n'existaient pas, dira-t-on : je le pense, mais il eût été désirable qu'ils existassent, et l'opinion de leur existence, si elle eût été accréditée, aurait suffi pour provoquer leur réunion. Pourquoi se défendre de l'emploi d'un moyen puissant, que la loi n'interdit pas. En Angleterre, aux États-Unis, dans tous les pays où il y a élection libre, les comités d'élection se forment tout naturellement et publiquement (1). Élire en effet, ce n'est pas jeter au hasard une foule de noms dans l'urne au scrutin; c'est se rapprocher, c'est s'entendre entre gens de même opinion, c'est se dire : voilà ce que nous pensons, ce que nous voulons, ce qu'il nous faut, et voici l'homme qui pense et qui veut comme nous. Élire, c'est former, d'après les vœux divers et les circonstances diverses, une liste de candidats; c'est la discuter, l'épurer, la réduire; c'est recommander son candidat à ses cliens, à ses amis, à ses parens, à ses journaux, à son public; c'est employer tous les moyens raisonnables, justes,

---

(1) En Angleterre, chaque parti forme un comité d'élection, qui s'instale dans un lieu public, ordinairement une Taverne ou Café, y arbore un drapeau aux couleurs de son candidat, et envoie des détachemens parcourir la ville, qui marchent enseigne déployée, recrutant des électeurs sur leur passage. Nous ne parlons pas des discours sur la place publique, des combats de pugilistes et des orgies populaires, dont nous ne saurions conseiller l'importation.

légaux, pour porter au conseil national celui qui, selon nous, doit le mieux représenter et nos opinions et nos intérêts; il faut se résoudre à tout cela, si l'on veut qu'il y ait élection.

Et remarquez qu'il serait absurde de vouloir laisser faire et laisser aller. Le moindre inconvénient de cette méthode, serait d'abandonner l'élection au hasard; cela revient à voter sans discussion. Du reste, il est bien certain que tout le monde ne laissera pas faire et ne laissera pas aller. Si les constitutionnels n'ont pas de comité directeur, ils peuvent tenir pour assuré que le parti du pouvoir a le sien; c'est le gouvernement; dans chaque département, c'est l'administration locale. Puisqu'en convoquant les électeurs, on les appelle à lutter, il serait inconséquent, il serait déloyal d'interdire l'égalité des armes. Le ministère désigne ses candidats par les présidences; il prodigue pour eux les circulaires, les menaces, les promesses; il tourmente les maires et les percepteurs; il met en mouvement les préfets, les sous-préfets, les gendarmes, les estaffettes, les télégraphes. Certes, il doit bien être permis à l'Opposition de combattre tout cela par un peu de zèle et de concert entre ses partisans. Enfin, le parti du côté droit, possesseur des salons dans la plupart des départemens, y trouve des occasions naturelles et faciles de réunion; le parti du côté gauche, composé en majeure partie des hommes de l'agriculture, de l'industrie, des affaires, de l'étude, doit suppléer autant que possible à ce désavantage de position par des réunions temporaires et spéciales.

Bien des gens vont penser d'abord , que si les réunions que je conseille peuvent être d'une grande utilité pour les constitutionnels, il n'est pas facile partout de parvenir à les former. Cette opinion n'est point exacte. Mais, dira-t-on, qui voudra prendre sur soi de se montrer le premier? qui voudra se mettre en avant? On trouve beaucoup de gens qui sont libéraux dans leurs discours; mais, parmi les hommes importans, on craint , en faisant la moindre démarche, de passer pour intrigant , brouillon, factieux. Je sais que nos mœurs publiques sont encore pusillanimes; il appartient au temps de les fortifier. Cependant, à la veille des élections, même dans les pays les plus tièdes, un peu d'agitation s'empare des esprits; il semble qu'il doit être possible alors de trouver partout un homme un peu considérable, qui se laisse porter pour chef ostensible des constitutionnels. Si cependant cet homme important venait à manquer dans quelque département, il ne faudrait pas pour cela abandonner la partie. Dans l'Opposition chacun reçoit sa mission de son zèle et de son patriotisme. Une réunion de citoyens non électeurs, de ceux-là surtout qui , nourris de bonne heure dans l'étude des lois , savent mieux que d'autres les respecter, a suffi dans quelques départemens pour aider les constitutionnels, leur servir de centre, et les conduire aux plus heureux résultats. On doit s'attendre les premiers jours, à quelques paroles de dédain, il n'en faut point tenir compte; à des insinuations menaçantes, il faut y répondre par une stricte observance des lois ; peu à peu la cu-

riosité, l'intérêt public, le besoin d'une direction don-
neront de la consistance à ce faible germe. Il est juste
d'admettre à la participation de ces conseils quiconque
y apporte des intentions franches; car c'est ici l'affaire de tous, même de ceux qui ne votent pas, puisqu'ils sont représentés par les électeurs. Ici il n'y a
point de secret; puisqu'au contraire, à mesure qu'on
obtient de nouvelles accessions, on popularise le
zèle de l'élection, première condition de son bon
succès.

CHAPITRE III.

Inscriptions d'électeurs. — Souscription.

VOILA donc un certain nombre de citoyens convenus
de se réunir quelquefois, et même souvent, pour
conférer ensemble des moyens de faire triompher,
dans leur département, l'opinion politique qu'ils pro-
fessent, parce qu'ils la croient la plus conforme à la
justice et à l'ordre social. Que feront-ils pour cela?
D'abord, je le répète encore une fois, ils s'interdiront
scrupuleusement de rien faire en violation des lois
du pays. Violer la loi, ce n'est pas courage, c'est té-
mérité, c'est maladresse; c'est attirer sur un point
isolé la compression compacte de l'autorité publique;
c'est servir efficacement le pouvoir au moment des
élections; car, en l'autorisant par une violation quel-
conque à sévir légalement, vous aidez à jeter dans les

esprits faibles des inquiétudes sur la liberté des élec-tions.

La première chose qu'il faut activer long-temps avant les élections, c'est l'inscription des électeurs sur les listes officielles. Nous croyons fermement que notre opinion est l'opinion publique, l'opinion na-tionale ; donc, plus on appellera de votans, plus nous devons penser que notre opinion aura de chances de succès. Mais il y a partout des hommes nonchalants, des hommes que les plus simples formalités dégoûtent, et qui ne songeront à faire quelques dé-marches, afin d'être portés sur les listes électorales, que lorsqu'ils verront leur voisin partir pour se rendre au lieu de l'élection, c'est-à-dire, alors qu'il ne sera plus temps. Il faut penser, il faut agir pour ces hommes ; de vive voix et par écrit, il faut con-sulter ses amis de la ville et de la campagne, pour déterrer ces électeurs nonchalants ; il faut leur aplanir les difficultés et remplir pour eux toutes les formalites nécessaires à leur inscription sur les listes. Il serait bien de publier une brochure contenant les articles de la loi, des ordonnances, des instructions ministérielles, des arrêtés administratifs relatifs à la formation des listes, accompagnés de commentaires simples et faciles. Cette brochure devrait porter l'a-dresse de quelques personnes résidentes au chef-lieu du département et des arrondissemens, et qui offri-raient de se charger *gratuitement* de remplir toutes les formalités et de lever toutes les difficultés. Quelle est la ville, tant soit peu considérable, où on ne trouvera pas trois personnes, avocats, gens de loi ou agens d'affaires qui veuillent gagner l'honneur de remplir ce rôle important. Certes, rien n'est moins hostile que cette première démarche ; l'administration publique doit évidemment la seconder; et cependant, entre autres avantages, elle offre celui de donner sujet à l'Opposition de faire acte de vie. C'est un symptôme d'existence qui commence à agiter doucement les esprits, et les prépare à l'énergie nécessaire pour les jours de l'élection.

Cette instruction sur les formalités à remplir pour l'inscription électorale, doit être répandue avec profusion, car on ne sait pas encore qui est électeur et qui peut le devenir. Quant aux brochures qui devront être distribuées postérieurement, la liste électorale servira de liste d'adresse; mais *toutes* doivent être distribuées *gratuitement*. Pour cela, il est utile d'ouvrir une souscription, comme on le pratique en Angleterre, pour subvenir aux frais de l'élection. A ce sujet l'on peut remarquer que le gouvernement, lui aussi, porte en compte au budget ses frais d'élection.

CHAPITRE IV.

Candidats.

Le succès de l'élection dépend souvent du choix du candidat. C'est sur ce point qu'il faut consulter soigneusement l'opinion, écoutant non ses intérêts et ses affections personnelles, mais la voix publique.

Quelque temps avant les élections, il surgit facilement un certain nombre de candidats, mais presque toujours ils se trouvent en plus grand nombre que le departement n'a de députés à élire; or, la réduction est une opération délicate. Pour l'effectuer avec succès, il faut quelquefois céder à des considérations secondaires, à des intérêts ou à des affections de localité, à des avantages de position; car il ne faut pas compromettre le succès de l'élection pour obtenir la *meilleure;* quelquefois, il faut être satisfait, pourvu qu'elle soit *bonne.* C'est aux personnes les plus dévouées, les plus éclairées, à savoir sacrifier leur opinion, dans certaines circonstances, à des opinions moins éclairées, et cela, pour éviter toute division. Dans des cas extrêmes, on peut faire intervenir l'arbitrage des personnes sages et désintéressées; mais il faut à tout prix s'accorder, avant le jour de l'élection, sur les noms propres qui devront se trouver sur les bulletins des électeurs constitutionnels. Pour parvenir à ce résultat, plus d'un électeur devra sacrifier de vieilles amitiés, des relations intimes, des affections très-légitimes, des patronages puissans, à l'intérêt majeur de l'unité dans son parti. Il faut que l'opinion individuelle s'efface, qu'elle s'anéantisse devant l'opinion générale, pour le triomphe de la cause commune. Il nous faut chacun être prêt, si les circonstances l'exigent, à sacrifier le candidat de notre cœur et même de notre estime, pour le candidat de notre parti. Plus d'un électeur peut-être, aura des objections à faire contre le candidat de la majorité, n'importe; il faudra savoir 'es surmonter, sous peine de voir triompher le candidat du parti adverse, ce qui serait tout autrement fâcheux.

Une des prétentions les plus mal fondées, parce qu'elle repose sur les idées les plus fausses, c'est celle que manifestent certains électeurs, d'attribuer nécessairement un député à leur arrondissement. Cet esprit de localité mesquin se trouve fomenté depuis la loi du 29 juin, par la division des électeurs en colléges d'arrondissement. Il appartient aux hommes éclairés de combattre cette disposition fâcheuse. Les députés sont ceux des départemens et non des arrondissemens. Dans la plupart des départemens, le nombre des députés n'est point pareil à celui des arrondissemens. Gardons-nous de resserrer des limites que la loi n'a que trop rétrécies ; le mérite et le patriotisme sont de tous les pays, et une rivalité bien entendue à l'égard de nos voisins, doit nous porter à leur enlever leurs meilleurs citoyens, en nous les appropriant par l'élection.

Quand la voix publique et les circonstances ont suffisamment désigné un candidat pour qu'on puisse lui supposer des chances raisonnables de succès, il faut avoir le bon esprit de se rallier à lui, sans s'inquiéter d'en chercher un autre, ou plus accommodé à notre goût, ou plus prononcé dans notre opinion, mais qui par cela même peut-être, ou pour tout autre motif, donnerait moins d'espérance de réussite. Soyons bien d'accord sur ce que nous prétendons obtenir par les élections, et, satisfaits sur ce point capital, soyons prêts à céder, au besoin, sur tout le reste. Tous ceux qui veulent conquérir des garanties pour les intérêts moraux et matériels de la révolution , c'est-à-dire, par exemple, qui veulent que l'on ne se contente point de ne pas arracher aux propriétaires de biens nationaux ce qu'ils ont légalement acquis de la nation, mais en outre qu'on les honore à l'égal des autres propriétaires , et qu'il ne soit point permis à des libellistes protégés de les outrager impunément; tous ceux qui veulent voir cesser cette inquisition odieuse des opinions, à laquelle on prétend nous soumettre; tous ceux qui veulent que l'armée , la magistrature , l'administration , principalement dans les campagnes, ne soient point l'apanage presqu'exclusif de la noblesse et du clergé ou de leur clientelle; tous ceux sur qui pèsent des impôts exhorbitans , prodigués par les ministres en traitemens excèssifs et en faveurs distribuées à des courtisans ou à des intrigans subalternes; tous ceux qui veulent que la religion soit honorée , mais que les influences illégales du clergé , les envahissemens de l'esprit jésuitique soient réprimés; tous ceux qui comprennent qu'ils ne pourront plus se marier que sous le bon plaisir du curé, quand on aura rendu aux prêtres la tenue des registres de l'état civil; tous les cadets de famille qui ont quelque chose à perdre au rétablissement du droit d'aînesse; tous ceux qui veulent être jugés par un jury hors de l'influence du gouvernement, et non par des commissions civiles qui en usurpent le beau nom; tous ceux qui

veulent être régis par des corps municipaux populaires, conformément à l'esprit et à la lettre des an-
ciennes et des nouvelles constitutions de la France;
tous ceux qui veulent être protégés par une garde
nationale citoyenne; tous ceux enfin qui veulent voir
disparaître pour jamais les lois d'exception, et jouir
paisiblement de la liberté de leur personne et de leur
pensée, à l'abri des vexations arbitraires; tous ceux-
là sont libéraux, tous ceux-là sont de l'Opposition
actuelle, et ils doivent voter ensemble et s'accorder
pour choisir des députés qui pensent et qui votent
comme eux. Ainsi, quand vous aurez trouvé le candidat d'accord avec vous sur ces bases générales, et
que ses antécédens ou son caractère vous offriront des
garanties de sa bonne foi et de son indépendance, ne
vous amusez point à chicaner sur des vues accessoires.
Rien ne serait plus funeste que la manie des épura-
tions. Laissons cela à nos adversaires; le mot est à eux
aussi bien que la chose. *Tout ce qui n'est pas contre
nous est pour nous;* telle doit être notre devise.

Les candidats une fois adoptés, il faut les prôner
avec chaleur, populariser leur nom, et les défendre
contre les attaques officielles et privées. Car, quelque
honorables qu'ils soient, il faut s'attendre à les voir
dénigrer de toutes les manières; leur vie domestique
et publique, leurs antécédens, leur famille, leurs
alentours, leurs démarches les plus simples, leurs
paroles et leur silence, tout sera commenté et en-
venimé; l'on vous dira que celui-ci est un malhonnête
homme, celui-là un athée, cet autre un jacobin; il

faut s'attendre à tout en fait de calomnie, ne pas se borner contre elle au silence du dédain, mais la détruire avec calme et sang-froid; surtout se garder de récriminer par des moyens semblables : ils sont mortels à la longue au parti qui les emploie; ils ne sauraient jamais convenir au parti de la justice et de la liberté.

Je n'ai pas compté au nombre des calomnies les bruits qu'on pourrait faire circuler sur la prétendue non éligibilité de certains candidats; le public doit bien se persuader que lorsque des hommes éclairés et raisonnables lui présentent un candidat, ils ont préalablement vérifié sa capacité matérielle; il ne faut donc jamais s'arrêter à ces bruits. D'abord, il y a toujours mille à parier contre un qu'ils sont controuvés et mis en circulation par perfidie. D'ailleurs, quand il existerait en effet une difficulté réelle, c'est la Chambre des députés qui prononce sur la validité des élections; or, il est probable, à moins d'une inconstitutionnalité évidente, qu'elle ratifiera l'élection, parce que le véritable esprit d'une sage constitution est de laisser la plus grande latitude possible au pouvoir électoral.

Dans les départemens où l'on aurait jeté les yeux sur un candidat étranger, il faut rappeler soigneusement aux électeurs, que bien qu'un individu ne soit point porté sur la liste des électeurs du département, il n'en est pas moins éligible dans ce même département. On sait que la Charte autorise (art. 42) à choisir la moitié de la députation parmi les hommes

étrangers au département, et qui, par une conséquence nécessaire, ne sauraient être portés sur la liste
départementale.

CHAPITRE V.

Notices imprimées sur les Candidats.

Un des meilleurs moyens de populariser le nom
d'un candidat et de le défendre contre les calomnies
sourdes ou publiques, c'est de publier une *Notice*
sur lui. Cet usage s'est déjà introduit parmi nous; on
l'a employé avec succès dans un très-grand nombre
d'élections; c'est une manière de prendre des enga-
gemens, d'afficher la candidature, de faire cesser les
prétentions mal fondées, les incertitudes, les hési-
tations. D'ailleurs, le gouvernement nomme ses candidats en publiant la liste officielle de ses présidens;
il est juste que, de son côté, l'Opposition trouve quelque moyen d'en faire autant. Cette désignation précise, au moyen d'une Notice, est devenue plus utile
ou même plus nécessaire, depuis que la loi du 29
juin a créé plusieurs colléges d'arrondissement et un
collége de département. En nommant le candidat, on
désigne en même temps à quel collége, à quel arrondissement il est présenté; on évite de cette manière,

que tel nom, populaire sur divers points, n'éparpille en divers colléges les voix des constitutionnels.

Il faut faire observer que la publication des notices étant une démarche décisive, elle ne doit avoir lieu qu'avec l'approbation des hommes les plus influens du parti constitutionnel, et que la notice elle-même doit être rédigée avec la plus grande circonspection, pour ne point donner lieu à des récriminations personnelles. On peut adopter comme règle qui ne souffre point d'exception, qu'elle ne doit renfermer aucune attaque, ni directe, ni indirecte, contre les candidats du gouvernement ou du côté droit.

Nul doute que les journaux constitutionnels ne doivent être employés à populariser les candidats ; mais ils ne dispensent pas de publier des Notices, car beaucoup d'électeurs ne lisent pas régulièrement les journaux ; tandis qu'il est bien difficile qu'ils esquivent la lecture d'une petite brochure, qui, par extraordinaire, vient gratuitement les chercher à domicile.

Indépendamment des Notices, il est bon de publier encore une brochure spéciale sur les élections du département ; elle doit avoir pour but de rappeler aux électeurs les idées générales qui constituent l'Opposition, ses griefs contre l'administration en exercice du pouvoir, ce qu'on aurait à craindre dans le cas où des élections faites dans son sens le lui maintiendrait. Ainsi, par exemple, dans les circonstances présentes, il faut bien inculquer aux électeurs que, d'après les dispositions hautement manifestées par la

majorité actuelle, et d'après le système de l'administration, des élections dans le sens du côté droit
auraient, entre autres résultats inévitables, celui de
faire accorder législativement des indemnités aux
émigrés. Ces indemnités ne peuvent être prises ailleurs
que dans les poches des contribuables ; demandez-
leur s'ils sont d'avis de les payer, et engagez-les à voter
en conséquence. La brochure dont nous parlons ne
doit pas négliger non plus de recueillir les plaintes
locales, de plaider pour les intérêts spéciaux du pays ;
elle peut même condescendre jusqu'à flatter les habitudes et les préventions particulières, pourvu toutefois que ce soit sans blesser les principes constitutionnels et les intérêts généraux de la France.

CHAPITRE VI.

*Préliminaires de l'Election. — Du Transport des
Electeurs.—Fonctionnaires publics-électeurs.—
Secret des votes. — Observations diverses.*

CEPENDANT le jour de l'élection approche ; les listes
des électeurs sont connues. Vous les avez étudiées
avec soin ; dans vos conversations, vous vous êtes oc-
cupé d'examiner quel nom s'y trouve oublié, et quel
autre s'y trouve porté indûment. Vos réclamations
ont été adressées, en temps utile, au Conseil de préfecture, pour l'inscription des uns, pour la radia-

tion des autres (1); vous avez fait opérer un partage entre des co-héritiers, enregistrer des actes qui étaient demeurés sous seing-privé, apporter des certificats de contributions payées dans des lieux éloignés : enfin, vous avez fait tout ce qu'il était possible pour amener, sur la liste électorale, tous les noms qui pouvaient y avoir droit. En grossissant ainsi les listes d'arrondissement, vous avez augmenté d'autant vos chances de succès au collége du département, formé du quart le plus imposé des électeurs d'arrondissement : dans tout cela, vous n'avez fait que seconder le vœu de la loi et remplir les devoirs d'un bon citoyen. Il reste encore à mettre en usage les influences particulières, de parenté, de patronage, d'amitié, de richesse, de crédit, d'habileté. Ceci n'est point du ressort d'un écrit public. Les règles générales ne s'appliquent point à tant de circonstances particulières; on se bornera à citer, comme exemple, des fils qu'on a vu activer la nonchalance de leur père, et d'autres qu'on

---

(1) Les questions relatives aux contributions ou au domicile politique (art. 6 non abrogé de la loi du 5 février 1817) sont décidées en appel par le Conseil d'état; celles relatives à la jouissance des droits civils ou politiques sont jugées par les cours royales (*ibid*). Il ne faudrait pas négliger de faire décider ces questions, lorsqu'elles se sont élevées. Quand même on ne parviendrait à une décision définitive qu'après l'élection, la réparation même tardive, d'une injustice, empêche qu'elle ne se reproduise à l'avenir.

a vus la flatter pour les tenir éloignés de l'urne, quand ils prévoyaient qu'au moment du vote, ils pourraient céder à l'influence du pouvoir ou d'un parti , et qu'ils se laisseraient arracher un bulletin fatal aux intérêts du pays.

Quelques jours avant celui du vote, il faut s'assurer que les électeurs sur lesquels on compte, mais qui habitent des points éloignés, seront exacts à se rendre; chacun doit se faire un point d'honneur et un devoir de conscience de leur fournir toutes les facilités de transport et de logement. Comme dans ces circonstances les moyens de transport deviennent rares , il est sage de s'arranger d'avance pour que les électeurs les trouvent facilement à leur disposition. On doit attacher une grande importance à loger ensemble ou chez des personnes sûres , les électeurs de même opinion, pour qu'ils se soutiennent réciproquement. Les abandonner au hasard , ce serait s'exposer à ce que quelques-uns d'entre eux, faibles de caractère ou peu éclairés , fussent circonvenus et séduits ; chacun en pareille occasion, doit être empressé d'offrir une place dans sa voiture ou de prêter un cheval à son voisin ; chacun doit être ingénieux à improviser des logemens pour quelques jours. Si le candidat n'héberge pas les électeurs, comme cela se pratique chez nos voisins d'au-delà de la Manche, du moins ses amis ne doivent pas souffrir que les électeurs qui se déplacent en sa faveur, éprouvent trop d'incommodités. Ceci est du ressort des habitudes les plus ordinaires , et il ne doit pas avoir besoin d'un comité directeur pour s'en aviser.

Afin d'éviter l'isolement et les divisions qui pourraient devenir funestes, les électeurs constitutionnels feront sagement de placer leur confiance en quelque électeur notable de leur canton, connu par sa capacité, son caractère, son patriotisme, et qui soit personnellement désintéressé dans l'élection ; ils pourront lui communiquer leurs objections , s'ils en avaient à faire, et recevoir ses avis et ses impulsions ; il sera leur guide naturel pour les mouvemens de vote, ou même pour les transactions, que les circonstances rendent quelquefois nécessaires.

Arrivés à la veille de l'élection , il n'est pas rare que les électeurs qui auraient préféré un autre candidat à celui qui a réuni la majorité des suffrages des constitutionnels , tentent un dernier effort en faveur de leur protégé. Ceci serait une grande imprudence de leur part ; ce serait se diviser au moment du combat et en présence de l'ennemi. On a vu cette imprudente manœuvre faire échouer les élections les mieux combinées. En pareille circonstance , il appartient aux électeurs notables et influens d'empêcher que le candidat adopté jusqu'alors , ne soit à ce dernier moment remis en question. Toute discussion désormais serait dangereuse, et il ne faut pas permettre qu'elle s'entame ; elle aigrirait des amours propres mis en présence. On n'arrête pas une élection la veille , ou bien c'est ainsi qu'on la perd.

Pendant la durée de la session électorale , il convient aux électeurs de l'Opposition d'éviter les dîners du préfet et du président du collége électoral. Accepter leurs avances en pareille circonstance, c'est implicitement s'engager à voter conformément à leur désir. On ne doit entendre chez eux que des discours, des vœux, des projets qu'on ne pourrait partager et qu'il serait pénible de heurter publiquement. D'ailleurs, la volonté de l'homme est variable et son esprit sujet à l'erreur. Il est donc imprudent de s'exposer sans nécessité, à des discours captieux, à des influences périlleuses. On ne prétend point placer les électeurs constitutionnels en hostilité permanente avec leur prefet ; mais s'il est une époque où ils puissent et doivent s'abstenir de lui faire leur cour, c'est certainement l'époque des élections. D'un autre côté, les électeurs constitutionnels qui jouissent de quelqu'aisance, et qui possèdent une maison convenable, ne doivent pas négliger d'ouvrir leur salon et même de dresser leurs tables, pour contrebalancer les salons et les tables de la préfecture ou de la recette générale. C'est encore une manière très-innocente de tenir comité directeur, autorisée par l'usage et par l'exemple de l'administration, qui se trouvera dans l'impossibilité de la blâmer.

Les électeurs doivent bien se pénétrer de l'idée que rien n'est plus libre que leur vote. La loi a voulu expressément que le vote fût *secret*, pour qu'aucune considération n'en pût entraver l'indépendance. A la vérité, le bulletin doit être écrit sur le bureau, par l'electeur ou *par l'homme de son choix*; mais personne, notamment le président et les membres du bureau, n'a le droit d'y jeter les yeux. Pour cela, il faut que la table sur laquelle les électeurs viennent écrire leur bulletin, soit disposée de manière à ce que le secret du vote ne soit point violé. Si le président avait négligé de prendre ce soin, il serait du devoir des électeurs, et il est du plus grand intérêt pour ceux de l'Opposition, de réclamer l'exécution stricte de la loi, et d'insister énergiquement pour qu'elle ne soit point éludée. Ceci est important surtout relativement aux fonctionnaires publics, tels que les maires et les percepteurs, qui ordinairement sont en grand nombre dans les colléges électoraux. La loi a voulu qu'ils jouissent, comme les autres, de la liberté et de l'indépendance de leur vote. Le gouvernement doit y demeurer parfaitement étranger. Ce n'est point le gouvernement qui doit le dicter, car on peut dire au contraire, dans le système représentatif, que c'est le vote de l'électeur qui fait le gouvernement. Un fonctionnaire public qui partage les vœux des constitutionnels, un maire, un adjoint, un percepteur, doivent pouvoir voter sans crainte pour leur candidat, puisqu'ils votent secrètement. Il est vrai pourtant que tous les fonctionnaires seront exposés à recevoir des circulaires exhortatoires ou menaçantes, de la part des agens de l'autorité; ils seront peut-être même obligés de subir des allocutions, tantôt caressantes, tantôt courroucées; n'importe, ils peuvent, par le silence et par la discrétion, conscrver la liberté de leur vote , et en même temps éviter de se compromettre. Car , nous le répétons , le vote est, et doit rester, secret; et quand même le système dont les fonctionnaires publics peuvent souhaiter la modification , viendrait à être affermi par le résultat des élections, on ignorera leur vote.

Si nous étions dans un pays où les habitudes nationales et l'éducation eussent formé dès long-temps des mœurs libres, je me garderais de présenter ces considérations ; mais j'écris pour des Français dont je n'ignore ni les imperfections ni les faiblesses; d'ailleurs, si l'on conçoit que les hommes qui occupent des postes éminens , d'où ils influent sur la marche générale des affaires , sont obligés en honneur, de se séparer de l'administration dès l'instant qu'ils viennent à être en dissentiment avec elle , sur les bases générales de son système , il n'est pas également démontré qu'un percepteur de village , qui retire à peine de son modeste emploi de quoi élever sa nombreuse famille, doive être contraint , sous peine de perdre ses moyens d'existence , de tourner au vent de toutes les intrigues politiques qui agitent et déplacent le pouvoir. En Angleterre , l'administration se borne à réclamer , avec modération, le concours des fonctionnaires élevés qui peuplent les deux Chambres; tandis qu'on y voit jusqu'à des lord-lieutenants (ce qui revient à peu-près à nos préfets) voter avec l'Opposition. D'ailleurs, dans cette même Angleterre , l'Opposition dispose d'un nombre considérable d'offices et d'emplois publics bien dotés;

tandis que l'Opposition de France n'est pas encore inves-
tie légalement du pouvoir de faire un conseiller mu-
nicipal de village.

Pendant tout le temps que le scrutin est ouvert,
la table du vote ne doit pas être perdue de vue par un
certain nombre d'électeurs influens, d'un caractère
à la fois ferme et modéré. Il faut qu'ils soient fermes,
pour inspirer de la confiance à leurs amis qui viennent voter ; pour empêcher que ceux-ci ne soient
intimidés ou circonvenus; pour prêter leur ministère,
afin d'écrire le vote, à ceux qui le souhaiteraient; pour
surveiller les opérations du bureau ; pour faire toutes
les réclamations utiles à la liberté des votes et à l'exécution de la loi : il faut qu'ils soient d'un caractère
modéré, afin d'éviter les réclamations intempestives,
les paroles inconvenantes, les démarches turbulentes,
qui compromettraient l'Opposition, et pourraient
inviter le président à des actes de compression, qui
atténueraient la liberté des suffrages et donneraient
de l'ascendant au parti adverse.

On a quelquefois entendu circuler des bruits
étranges au sujet du dépouillement du scrutin ; pour
l'honneur de nos concitoyens, il faut croire ces
bruits mal fondés. Que les électeurs constitutionnels
entourent sans cesse le bureau de leurs regards, c'est
le meilleur moyen de veiller à l'intégrité et à la régu-
larité des opérations. Il est moins commun que l'esprit de parti le suppose, de rencontrer un scélé-
rat assez audacieux pour commettre une forfaiture,
devant tout le peuple assemblé. Au reste, le Code

pénal a prévu le cas : « Tout citoyen, dit l'art. 111,
» qui, étant chargé, dans un scrutin, du dépouille-
» ment des billets contenant les suffrages des ci-
» toyens, sera surpris falsifiant ces billets, ou en
» soustrayant de la masse, ou en y ajoutant, ou ins-
» crivant sur les billets des votans non lettrés des
» noms autres que ceux qui lui auraient été déclarés,
» sera puni de la peine du carcan. »

CHAPITRE VII.

Formation du Bureau.

Dès le matin du premier jour de la session électorale, l'assemblée doit nommer le secrétaire qui
tient la plume et rédige le procès-verbal, ainsi que les
quatre scrutateurs qui dépouillent et font enregistrer
les bulletins. Ces nominations s'effectuent à un seul
tour de scrutin, de liste pour les scrutateurs, individuel pour le secrétaire, et à la simple pluralité des
voix des électeurs présens. On sent qu'il est de la plus
haute importance d'être exact à se rendre dès le matin de ce premier jour, pour participer à cette première
opération ; car c'est le Bureau, composé comme nous
venons de le dire, qui, de concert avec le président,
décide provisoirement de toutes les difficultés qui
peuvent s'élever, et qui valide ou invalide les bulletins qui offrent quelqu'irrégularité. On voit combien
la partialité de l'esprit de parti pourrait abuser d'une

pareille position. D'ailleurs , l'expérience apprend qu'un premier succès ou un premier échec, influe notablement sur les scrutins subséquens.

Pour procéder à la formation du Bureau, la loi charge le président du collège de désigner en entrant en séance , un secrétaire-et quatre scrutateurs provisoires. C'est une *règle* à peu près *générale* que l'Opposition doit toujours *écarter du bureau les hommes provisoirement désignés par le président.* Cette manière de procéder est naturelle et n'a rien d'ailleurs qui doive choquer qui que ce soit. Il ne s'agit de rien de personnel ; il ne s'agit ni d'estime ni d'amitié. Vous êtes désigné par le président , donc vous êtes de son parti ; par conséquentvous n'êtes pas avec moi électeur de l'Opposition (1). Sans doute, il fallait que le président commençât par désigner quelqu'un pour les premières opérations , quoiqu'il soit vrai de dire que cette désignation serait mieux faite par l'âge ou par le sort : mais après cela , le président doit voir lui-même sans peine , s'il a de la délicatesse , comme il faut le supposer , que les scrutateurs qui sont les hommes de l'assemblée , et qui doivent contrôler les opérations du président , ne soient pas absolument les

---

(1) On a vu des présidens placer dans leur bureau provisoire un homme de l'opposition ; c'est un acte d'impartialité , dont tout homme juste et éclairé ne peut manquer en pareil cas de se faire un devoir. Dans ces occasions, l'Opposition ne doit pas se laisser vaincre en courtoisie , et elle fera bien de porter à son bureau un des amis du président.

mêmes qu'il lui a fallu choisir, et dont la position se trouve par là, moins indépendante à son égard.

Il est convenable d'élire pour scrutateurs, et surtout pour secrétaire, des électeurs habitués à la discussion des affaires, qui connaissent les lois par état, zélés à s'occuper de la chose publique, d'un caractère à la fois ferme et mesuré, d'une position indépendante, en telle sorte qu'ils puissent défendre avec énergie l'intégrité et la liberté des opérations de l'assemblée.

Pour réussir dans la formation du Bureau, il faut avoir l'attention de se fixer d'avance sur les noms de ceux qu'on doit y porter. C'est ici qu'on peut sans inconvénient, céder aux vœux de localité et même flatter les vanités individuelles. On peut concéder bien des choses dans cette opération, aux opinions intermédiaires, si cette concession doit amener aux constitutionnels quelques votes douteux. Un peu d'intelligence et beaucoup de justice, telles sont les deux qualités nécessaires à un membre du bureau : l'opinion politique n'est qu'accesoire chez le scrutateur ; bien différent en cela du député, chez qui la probité et le talent doivent être de nouveaux motifs d'éloignement pour ses adversaires, puisqu'ils ajoutent à l'ascendant du parti qui l'a nommé. Il faut prendre garde d'adopter inconsidérément pour le Bureau, des noms qui pourraient choquer en différent sens, certains électeurs constitutionnels, ou d'une opinion intermédiaire ; et compromettre, en repoussant leurs votes, le succès du Bureau entier.

Comme le défaut de désignation, précise ou suffisante, donne lieu ordinairement d'annuller plusieurs bulletins, il faut prendre soin de faire imprimer des *Bulletins-modèles*, qui doivent être distribués avec profusion la veille ou le matin du premier jour de l'élection. Ces bulletins contiendront d'une manière exacte, les noms, prénoms et qualités, ou désignations précises des personnes que l'on veut porter au Bureau. Ils ne doivent pas être mis dans l'urne, mais rien ne s'oppose à ce qu'ils soient copiés par l'électeur, qui, dans tous les cas, retiendra mieux ce qu'il aura eu quelque temps sous les yeux, que ce qu'il n'aurait appris que de vive voix. On doit prendre également le soin, et à plus forte raison, de faire imprimer des bulletins-modèles pour le scrutin de nomination du député (1).

CHAPITRE VIII.

Scrutins. — Ballotage. — Transactions.

Chaque séance s'ouvre à huit heures du matin; il ne peut s'en tenir qu'une par jour ; le scrutin reste

______

(1) Dans quelques collèges électoraux, les électeurs ministériels se sont avisés de voter pour la confirmation du Bureau provisoire, de la manière suivante . *Les mêmes.*

ouvert au moins pendant six heures. Durant ce temps, il faut s'informer soigneusement si les électeurs sur lesquels on compte sont venus voter, afin d'être en état, avant la clôture, d'amener les négligens au pied du bureau ; c'est le moment de mettre en pratique la maxime : *Compelle intrare*. Le gouvernement emploie ordinairement des gendarmes à cette mission ; il faut profiter de l'exemple, et exécuter avec l'aide du zèle des bons citoyens, principalement des jeunes gens, ce que l'administration obtient pour son argent. A trois heures du soir, le scrutin et clos et dépouillé, séance tenante. Le résultat de chaque tour de scrutin est *sur-le-champ* rendu public. (Art. 12, non abrogé de la loi du 5 février 1817.)

L'électeur inscrit sur la liste, mais à qui le préfet

Les bulletins qui porteraient cette formule ou toute autre équivalente, sont nuls de plein droit. Le texte de la loi est positif à cet égard. « Les quatre scrutateurs et le secrétaire sont nommés par le collége, à un seul tour de scrutin *de liste* pour les scrutateurs, et *individuel* pour le secrétaire, a la pluralité des voix » (art. 10, § 2, non abrogé de la loi du 5 février 1817). Il est d'une évidence qui ne souffre pas discussion, qu'aucune formule générique ne peut équivaloir au scrutin de *liste* et *individuel* qui est exigé par la loi. La circonstance s'est présentée à Paris, lors de l'élection de M. Gevaudan en 1822, et tous les bulletins pour la formation du Bureau définitif qui portaient ces mots : *Les mêmes*, furent déclarés nuls par le bureau provisoire, et de l'avis même du préfet.

aurait négligé d'envoyer sa carte, peut se présenter hardiment la liste à la main pour voter. Il ne saurait dépendre du caprice ou de la négligence d'un fonctionnaire amovible et révocable, de priver un citoyen d'un droit important, qui lui est légalement acquis. Si on empêchait par la force un électeur de voter, si on lui interdisait l'accès de la ville où siége le collége, l'électeur, après avoir pris des témoins de la violence exercée à son égard, doit en dénoncer l'auteur aux tribunaux, lesquels ne peuvent manquer de lui faire l'application de l'article 109 du Code pénal, ainsi conçu : « Lorsque par attroupement, *voies de fait* ou *menaces*, on aura empêché un ou plusieurs citoyens d'exercer leurs droits civiques, chacun des coupables sera puni d'un emprisonnement de six mois au moins, et de deux ans au plus, et de l'interdiction du droit de voter, et d'être éligible pendant cinq ans au moins et dix ans au plus. »

Pour qu'un candidat soit nommé député au premier ou au second tour de scrutin, il faut qu'il ait réuni la moitié plus un, du nombre des suffrages exprimés, et de plus, aux deux premiers tours de scrutin, il faut que cette moitié soit au moins égale au tiers, plus un, du nombre des électeurs qui composent la totalité de la liste imprimée et affichée. On voit d'après cela, combien il importe, et au succès de son parti, et au besoin de rendre les électeurs le plutôt possible à leurs familles et à leurs affaires, d'être bien d'accord sur la personne des candidats, pour éviter la dispersion des voix, qui fait perdre un

3*

temps précieux et ouvre carrière aux manœuvres de toute espèce. Il serait donc extrêmement heureux qu'on s'entendît assez bien pour en finir dès le premier, ou au moins dès le second tour de scrutin. Si pourtant on était obligé d'en venir à un troisième scrutin, appelé scrutin de ballotage, les électeurs devraient en ce moment décisif redoubler de zèle et de persévérance. Cependant, il n'est malheureusement que trop ordinaire d'en voir un certain nombre se dégoûter, après le premier ou le second jour, et sous le prétexte d'une foire, d'un marché, ou de quelque affaire moins importante, laisser à des adversaires plus tenaces, une victoire qui coûtera sous peu des regrets amers. Pourtant, quand on a fait tant que de voter avec un parti, c'est probablement qu'on attache quelque prix à son triomphe; il faut donc savoir au moins une fois, sacrifier une habitude qu'on aura tant de loisirs pour satisfaire, une occasion qu'il sera facile de retrouver; il semble d'ailleurs qu'on devrait mettre un peu d'amour-propre, dans la réussite de l'élection pour laquelle on s'est déclaré; or, l'abandonner au hasard, c'est s'exposer à subir tôt ou tard de pénibles mortifications.

Il faut donc croire que les électeurs auront assez de constance et de patriotisme pour assister, s'il est nécessaire, jusqu'à la fin du scrutin de ballotage. La nuit qui le précède doit être employée à vérifier définitivement quels sont les électeurs qui n'ont point pris part aux scrutins précédens, et à mettre en œuvre les moyens les plus prompts et les plus efficaces, pour les amener à prendre enfin dans l'élection une part qui va devenir décisive. On a vu dans ces momens critiques, des jeunes gens pleins d'ardeur et de patriotisme, voler de nuit, et en poste, au domicile du vieillard ou de l'infirme, et l'amener le jour suivant à la porte du collège, une heure avant la clôture du dernier scrutin, et aux applaudissemens des citoyens assemblés. Aussi dirai-je en passant que les jeunes gens qui ont reçu une éducation assez soignée pour prendre intérêt de bonne heure aux affaires publiques, feront bien d'accompagner leurs parens dans la ville où ils viennent voter ; une telle habitude tendrait a populariser l'élection, cette racine fondamentale de toutes les libertés publiques. D'ailleurs, à l'exception du vote, il n'est presque pas un seul des moyens de succès que nous avons indiqués, auquel il ne soit facile aux jeunes gens de concourir en quelque manière.

Le scrutin de ballotage a lieu sur une liste double du nombre de députés qui restent à nommer, et formée des noms de ceux qui ont obtenu le plus de voix au second tour de scrutin. Pour ce dernier scrutin, les électeurs doivent écrire sur leurs bulletins, comme à l'ordinaire, autant de noms qu'il reste de députés à élire. Il faut bien prendre garde qu'on n'est pas libre cette fois, de prendre ces noms hors de la double liste formée par le bureau; car, aux termes de l'article 17 de l'ordonnance du 20 octobre 1820, l'on rejetera de tout bulletin, au troisième tour, tous les noms des individus qui ne feraient point partie de la liste double , des personnes qui ont obtenu le plus de suffrages au deuxiéme tour de scrutin.

Il résulte cependant des dispositions de l'ordonnance précitée, que dans le cas , par exemple, où restant deux députés à élire, la double liste n'offrirait qu'un seul nom du parti constitutionnel , on ne serait pas obligé, à peine de nullité de l'entier bulletin , d'accoler au nom du candidat constitutionel , le nom d'un des hommes du côté droit, qui se trouverait porté sur la liste de ballotage. Si donc un électeur portait en seconde ligne , un nom pris hors de la liste de ballotage , le bulletin ne serait pas vicié, quant au nom pris sur la liste, mais seulement le Bureau devrait rayer le second nom , pris hors la liste. En pareille occasion l'on peut encore tirer quelque parti du second suffrage ; il faut tendre à faire nommer en seconde ligne , celui des candidats du coté droit qui offre le plus de garanties , ou pour mieux dire, le moins d'inconvéniens, soit par la modération naturelle de son caractère , soit par la position particulière où il peut se trouver ; car enfin , il reste encore la chance, qu'un pareil homme ne seconderait pas jusqu'à son dernier terme, l'exagération du système opposé au nôtre ; ou si les élections nous sont favorables dans la majorité des colléges, qu'un ministère formé dans notre systême pourra tirer quelque parti d'un tel homme, ou du moins qu'il n'en sera pas trop violemment contredit.

Ce sont ces motifs qui , dans le cas d'un ballotage entre un candidat du coté droit et un candidat du centre, doivent faire incliner la minorité de l'opposition vers le candidat du centre. Je n'ignore pas qu'on a quelquefois contredit cette opinion ; mais une sorte d'instinct naturel, qui n'est autre chose que le bon sens, l'a constamment dictée aux électeurs. C'est en effet un axiome de géométrie, que la distance qui sépare le centre de l'un des points de la circonférence, n'est que moitié de celle qui sépare les deux points opposés de la même circonférence. Du reste, la question a été examinée, et décidée comme je viens de le dire, par les hommes les plus éclairés, après des controverses très-approfondies. De même encore, si l'on désespérait de faire réussir un candidat du côté gauche au collége départemental, il serait tolérable d'essayer une alliance avec le candidat du centre. Ce qui prouve, pour le dire en passant, qu'on ne doit jamais négliger de se rendre au grand collége, même dans les pays où l'on croit avoir le moins de chances de succès. Mais il faut bien prendre garde avant de se décider à une telle concession, de ne point céder à des conseils pusillanimes ou peut-être insidieux. Le parti le plus sûr est d'essayer au moins un premier tour de scrutin sur les canditats constitutionnels. Quant aux colléges d'arrondissement, on peut affirmer qu'il n'en est pas un où les constitutionnels ne doivent espérer de réussir tôt ou tard, avec de l'union, de l'habileté et de l'énergie. Or, ces colléges, il ne faut pas l'oublier, forment la majorité de la Chambre ; ils nomment 250 députés, tandis que les colléges de département n'en nomment que 170.

CHAPITRE IX.

Conclusion.

Maintenant il ne nous reste plus qu'à conjurer les électeurs , au nom de leurs intérêts les plus chers, de se rendre aux élections. L'expérience apprend que près d'un tiers s'absente des colléges électoraux ; c'est un symptôme funeste, et qui tendrait à laisser croire, s'il persistait , que les Français ne savent pas apprécier comme ils le doivent, l'importance de l'élection des députés , et ses conséquences infinies. Or, après le Roi , le député du peuple est l'homme le plus important du pays ; si vous avez de bons députés , vous aurez de bons maires, de bons juges-de-paix , de bons préfets ; vous jouirez de la prospérité du commerce, de la liberté de l'industrie, de celle des opinions et des paroles ; vous supporterez le moins d'impôts possible ; vos grandes routes et vos canaux seront bien entretenus, en un mot, vous verrez refleurir tout ce qui constitue le bien être public et personnel ; car ce sont les ministres qui, de Paris, font et dirigent toute l'administration, et le Roi ne choisit jamais pour ministres que les hommes qui conviennent à la majorité des députés , et qui partagent ses opinions. Électeurs constitutionnels, ne vous laissez point décourager par les défaites que vous avez pu éprouver précédemment! songez que depuis le 5 septembre nous n'avons vu que des renouvellemens partiels; aujourd'hui, c'est d'un renouvellement intégral qu'il s'agit; il dépend de vous d'en faire un nouveau 5 septembre! S'éloigner des élections par désespoir d'y réussir, ce serait faiblesse ou peut-être lâcheté.

Nous avons signalé les écueils que les constitutionnels doivent éviter dans les élections; nous croyons avoir indiqué tous les moyens légaux qui peuvent amener leur triomphe; nous sommes certains de n'en avoir conseillé aucun qui sorte de cette limite sacrée; car la bannière de l'opposition, son refuge, comme sa seule force, c'est la Loi. Puisse-t-elle n'être pas moins sacrée pour ses adversaires! Puissent-ils la respecter à notre égard, comme ils voudraient en pareille position qu'on la respectât envers eux! La liberté est à ce prix; et hors de là, elle n'existe pour qui que ce soit, pas même pour les vainqueurs. Que si les constitutionnels viennent à triompher dans un collége électoral, ils doivent se comporter avec cette modération décente qui appartient à la force et révèle la supériorité. Il faut donc éviter soigneusement, avant comme après l'élection, les jactances inutiles, les propos amers, les provocations insultantes; ces instrumens sont ceux de l'ignorance et de la médiocrité. Ils nemanqueraient pas d'ailleurs, d'amener des dissentions funestes; ils risqueraient d'écarter du parti constitutionnel quelques hommes pacifiques, que l'apparence

seule du trouble effarouche. On ne s'est jamais re-
penti d'avoir été modeste et circonspect. Celui qui ne
doit pas triompher est ordinairement celui qui crie le
plus fort ; c'est qu'il cherche à s'étourdir sur l'avenir
qui l'importune. Vous qui ne le redoutez pas, cet
avenir, vous à qui il appartient, marchez vers lui
avec calme, sans vous laisser détourner par de vaines
clameurs.